AF390366

Tota pulchra es, amica
mea, et macula non est in te.
Ludovic.   Coccinus

LOVANGES

DE LA

SAINTE VIERGE.

Composées en rimes Latines par S. BONAVENTVRE.

Et mises en vers François par P. CORNEILLE.

A ROVEN, & se vendent

A PARIS,

Chez GABRIEL QVINET, au Palais, dans la Gallerie des Prisonniers, à l'Ange Gabriel.

M. DC. LXV.

AVEC PRIVILEGE DV ROY.

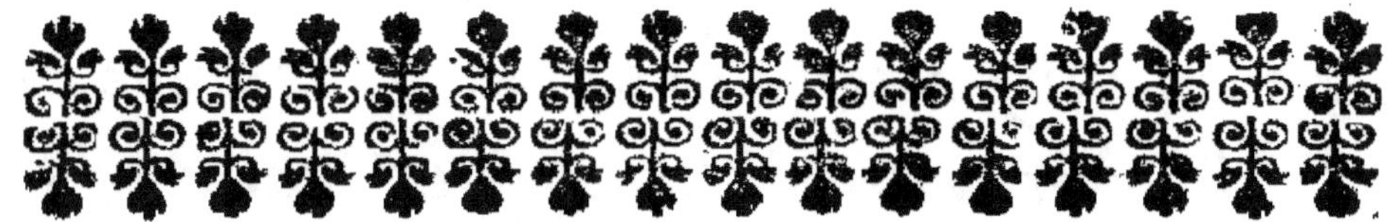

AV LECTEVR.

Ette Piéce se trouve impri-
mée sous le nom de saint Bonaventure à la fin de ses
Oeuvres. Plusieurs doutent si elle est de
luy, & je ne suis pas assez sçavant en
son caractére pour en juger. Elle n'a
pas l'elévation d'un Docteur de l'E-
glise, mais elle a la simplicité d'un
Saint, & sent assez le zéle de son siécle, où dans les Hymnes, Proses, &
autres compositions pieuses que l'on fai-
soit en Latin, on recherchoit davan-
tage les heureuses cadences de la rime,
que la justesse de la pensée. L'autheur

AV LECTEVR.

de celle-cy a voulu trouver l'image de
la Vierge en beaucoup de figures du
vieil & nouveau Testament ; les ap-
plications qu'il en a faites sont quel-
quefois un peu forcées, & quelque
aide que j'aye tasché de luy préter, la
figure n'a pas toûjours un entier rapport à la chose. Je me suis réglé à rendre chacun de ses huitains par un
dizain, mais je ne me suis pas assu-
jetty à les faire tous de la mesme mesure. J'y ay meslé des vers longs &
courts, selon que les expressions en ont
eu besoin, pour avoir plus de conformi-
té avec l'Original, que j'ay tasché de
suivre fidellement. Vous y en trouve-
rez d'assez passables quand l'occasion
s'en est offerte, mais elle ne s'est pas offerte si souvent que je l'aurois souhaité

AV LECTEVR.

pour *voftre* fatisfaction.   Si ce coup
d'effay ne déplaift pas, il m'enhardira
à donner de temps en temps au Public
des ouvrages de cette nature, pour fa-
tisfaire en quelque forte à l'obligation
que nous avons tous d'employer à la
gloire de Dieu du moins une partie des
talents que nous en avons receus.   Il
ne faut pas toutefois attendre de moy
dans ces fortes de matiéres autre chofe
que des Traductions ou des Paraphra-
fes.   Je fuis fi peu verfé dans la Theo-
logie & dans la dévotion, que je n'ofe
me fier à moy mefme, quand il en faut
parler.   Je les regarde comme des routes
inconnuës, où je m'égarerois aifément,
fi je ne m'affeurois de bons guides ; &
ce n'eft pas fans beaucoup de confu-
fion que ie me fens un efprit fi fécond

ã iij

AV LECTEVR.

pour les choses du Monde, & si stérile pour celles de Dieu. Peut-estre l'a-t'il ainsi voulu pour me donner d'autant plus dequoy m'humilier devant luy, & rabatre cette vanité si naturelle à ceux qui se meslent d'écrire, quand ils ont eu quelque succès avantageux. En attendant qu'il luy plaise m'inspirer & m'attirer plus fortement, je vous fais cet aveu sincére de ma foiblesse, & ne me hazarderay à vous rien dire de luy, que ie n'emprunte de ceux qu'il a mieux éclairez.

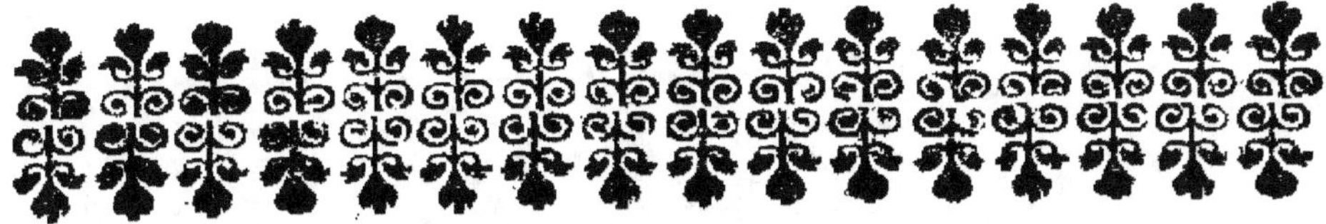

Extrait du Privilege du Roy.

PAr Grace & Privilege du Roy, donné à Paris le 19. jour de Iuillet 1665. Signé DE MALON, il est permis au Sieur P. CORNEILLE de faire imprimer un *Traité des Loüanges de la Vierge*, composé en Latin par S. Bonaventure, & traduit en Vers François par luy, durant six années entieres & accomplies. Et défenses sont faites à toutes personnes d'imprimer ou faire imprimer ledit Livre sans son consentement, à peine de trois mil livres d'amende, & de tous dépens, dommages & interests, comme il est plus amplement porté par lesdites lettres de Privilege.

Acheué d'imprimer pour la premiere fois le 22. d'Aoust 1665. à ROVEN par L. MAVRRY, aux dépens de l'Autheur, lequel a traité de la presente impression, & du Privilege à l'avenir avec GABRIEL QVINET Marchand Libraire à Paris, pour en joüir suivant l'Accord fait entr'eux.

Les Exemplaires ont esté fournis.

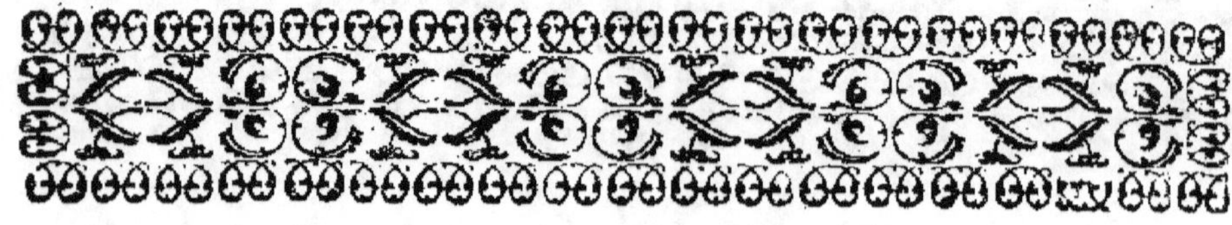

LAVS

BEATÆ VIRGINIS.

 *V E cœleste lilium,*
Ave rosa speciosa,
Ave mater humilium,
Superis imperiosa:
Deitatis triclinium,
In hac valle lacrymarum
Da robur, fer auxilium,
O excusatrix culparum.

LOVAN-

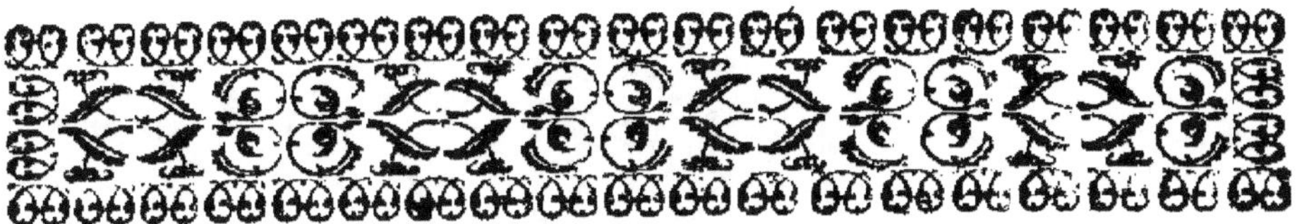

LOVANGES

DE LA

SAINTE VIERGE.

ACCEPTE noftre hommage, & fouffre
nos loüanges,
Lis tout célefte en pureté,
Rofe d'immortelle beauté,
Vierge, mére de l'humble, & maîtreffe des Anges :
Tabernacle vivant du Dieu de l'Vnivers,
Contre le dur affaut de tant de maux divers
Donne-nous de la force, & préte-nous ton aide,
Et jufque en ce vallon de pleurs
Fais-en du haut du Ciel defcendre le reméde,
Toy qui fçais excufer les fautes des pécheurs.

A

Virgo pia sine pare,
Gabriele nunciante
Quæ meruisti portare
Christum, flatu sacro flante;
Virgo partum post & ante,
Refugium singulare,
In hac vita vacillante
Tuos servos consolare.

Ecce stupet humanitas
Quod sis virgo puerpera,
Scire nequit fragilitas
Tantæ virtutis opera,
Fides transcendens Aethera
Confitetur, & veritas :
Ex te, mater Christifera,
Carnem sumpsit Divinitas.

O Vierge sans pareille, & de qui la réponse
Merita de porter & conceut Iesus-Christ,
Si-tost que Gabriel t'eut fait l'heureuse annonce,
Qu'en un souffle sacré suivit le Saint Esprit :
Vierge devant ta couche, & Vierge après ta couche,
Montre en nostre faveur que la pitié te touche,
Qu'aucun refuge à toy ne se peut égaler ;
Et comme nostre vie en disgraces fertile
Durant son triste cours incessamment vacille,
Incessamment aussi daigne nous consoler.

L'esprit humain se trouble au nom de Vierge-mére,
L'orgueil de la raison en demeure ébloüy,
De la vertu d'enhaut ce chef-d'œuvre inoüy
Pour leurs vaines clartez est toûjours un mystére.
La Foy dont l'humble vol perce au-delà des Cieux,
Pour cette verité trouve seule des yeux,
Seule en dépit des sens la connoit, la confesse,
Et le cœur éclairé par cette aveugle foy
Voit avec certitude & soûtient sans foiblesse
Qu'un Dieu pour nous sauver voulut naistre de toy.

A ij

Mater natum, patrem nata,
Stella Solem genuisti,
Increatum res creata,
Fontem rivus emisisti:
Vas figulum peperisti,
Virgo manens illibata;
Per te nobis, Mater Christi,
Est perdita vita data.

Almissima sunt viscera
Quæ Domini sunt conclave,
Sanctissima sunt ubera
Quæ suxit, & lac suave
Quo lactatur; Mater, Ave,
Quæ regnas super sydera,
Perpetuæ mortis à væ
Nos & à malo libera.

Prodige, qui renverse & confond la Nature !
Le pére de sa fille est le fils à son tour,
Vne Etoile icy bas met le Soleil au jour,
Le Créateur de tout naist d'une créature.
La source part ainsi de son propre ruisseau,
L'ouvrier est produit par le mesme vaisseau
    Que sa main a formé de terre,
Et toûjours Vierge & Mére, un accord éternel
De ces deux noms en toy qui par tout sont en guerre
Fait grace, & rend la vie à l'homme criminel.

    Que pures étoient les entrailles
Où s'enferma ce Fils qui tient tout en sa main,
Et que de sainteté régnoit au chaste sein
    Que suça ce Dieu des batailles!
Que ce lait qu'il en prit fut doux & savoureux,
    Et que seroit heureux
Vn cœur qui s'en verroit arrosé d'une goute!
O Mére qui peux tout, pren soin de nostre sort,
Guide nos pas tremblâs-jusqu'au bout de leur route,
Et sauve-nous des maux de l'éternelle mort.

A iij

Rosa decens, rosa munda,
Rosa recens sine spina,
Rosa florens & fœcunda,
Rosa, gratia divina
Facta cælorum Regina,
Non est nec erit secunda
Tibi, Rei medicina,
Nostris cœptis obsecunda.

In Scripturis figurata
Multis locis ostenderis,
Enigmatibus monstrata,
Sacris ut patet litteris;
Testamentorum veteris
Et novi jure, prælata
Mulieribus cæteris,
Super omnes elevata.

Rose sans flétrissure, & sans aucune épine,
    Rose incomparable en fraischeur,
    Rose salutaire au pécheur,
Rose enfin toute belle , & tout-à-fait divine;
La Grace dont jadis la prodigalité
Versa tous ses tresors sur ta fecondité,
N'a fait & ne fera jamais rien de semblable:
Par elle on te voit Reine & des Cieux & des Saints,
Par elle sers icy de reméde au coupable,
Et seconde l'effort de nos meilleurs desseins.

    Que d'Enigmes en l'Ecriture
    T'offrent sous un voile à nos yeux!
L'Esprit qui la dicta s'y plût en mille lieux
A nous tracer luy-mesme & cacher ta peinture.
    Le Vieil & Nouveau Testament,
Tous deux comme à l'envy te nomment hautement
    La prémiére d'entre les femmes;
Et cette préférence acquise à tes vertus,
Comme elle a mis ton ame au dessus de nos ames,
De nos périls aussi t'a sçeu mettre au dessus.

Ante Mundi originem
Te Dominus ordinavit,
Dum cœli latitudinem,
Sapienter fabricavit :
Ex tunc sancta mente cavit
Per te , Matrem & Virginem,
Protoplasti qui peccavit
Expirare voraginem.

Gaude Virgo , Mater gaude,
Per te Mundus restauratur,
Cum civibus cœli plaude,
A queis honor tibi datur;
Decus decenter solvatur
Tibi majus omni laude ,
Quia per te liberatur
Omnis homo facta fraude.

Avant que du Seigneur la sagesse profonde
Sur la Terre & les Cieux daignast se déployer,
Avant que du néant sa voix tirast le Monde
Qu'à ce mesme néant sa voix doit renvoyer;
De toute éternité sa prudence adorable
Te destina pour Mére à son Verbe ineffable,
A ses Anges pour Reine, aux hommes pour appuy,
Et sa bonté deslors éleut ton ministére
Pour nous tirer du gouffre où nostre premier pére
Nous a d'un seul peché plongez tous avec luy.

Ouvre donc, Mére-Vierge, ouvre l'ame à la joye
D'auoir remis en grace, & nous, & nos Ayeux,
Toy-mesme applaudy-toy d'avoir ouvert les Cieux,
D'en avoir applany, d'en avoir fait la voye.
Les hostes bien-heureux de ces brillans palais
T'offrent & t'offriront tous ensemble à jamais
Des Hymmes d'allegresse & de reconnoissance;
Et nous que tu défens des ruses de l'Enfer,
Nous y joindrons l'effort de l'humaine impuissance
Pour obtenir comme eux le don d'en triompher.

Rigans Mundum novo rore,
Novæ prolis novitate,
Nova facis novo more,
Cuncta mira claritate;
Ex divina bonitate
Fons ascendens in honore,
Rigans terram Charitate,
Dei crescens in amore.

1. Figurata fuit per fontem qui ascendebat de terra, irrigás universam superfinem terræ. *Gen.* 2.

Arbor & lignum vitale
In Paradisi medio
Plantaris spirituale,
Cujus fructus fruitio
Replet omnia gaudio:
Numquam fuit, nec est tale
Nec erit procul dubio
Lignum ita commodale.

2. Figurata fuit per lignum vitæ plantatum in medio Paradisi. *Gen.* 2.

Telle que s'élevoit du milieu des abîmes,
Au point de la naiſſance & du Monde & du Temps
Cette ſource abondante en flots toûjours montans,
Qui des plus hauts rochers arroſérent les cimes:
Telle en toy du milieu de noſtre impureté
D'un ſaint enfantement l'heureuſe nouveauté
Eléve de la Grace une ſource féconde ;
Sõ cours s'enfle avec gloire, & ſes flots qu'en tout lieu
Répand la charité dont regorge ſon onde
Font en ſe débordant croiſtre l'amour de Dieu.

Durant ces prémiers jours qu'admiroit la Nature,
La vie avoit ſon arbre, & ſes fruits précieux
Rempliſſant tout l'Eden d'un air délicieux,
A nos prémiers parents s'offroient pour nourriture.
Ainſi le digne fruit que tes flancs ont porté
Remplit tout l'Vnivers de ſainte volupté,
Et s'offre chaque jour pour nourriture aux ames:
Il n'eſt point d'arbre égal, & jamais il n'en fut,
Et jamais ne ſera de plantes, ny de femmes,
Qui portent de tels fruits pour le commun ſalut.

Casta virgo, te fluvius
Voluptatis irrigavit
Paradisi, dum filius
Dei, corpus habitavit
Tuum. Terra tunc donavit
Nostra fructum uberiùs,
Et naturam reformavit,
Nostram Deus in meliùs.

3. Figurata fuit per Paradisum irrigatum à fluvio, qui egrediebatur de loco voluptatis. *Gen.* 2.

In Paradiso posuit
Deus hominem filium
Suum, custodem voluit
Tuum corpus egregium,
Per Gabrielem nuncium
Dum visitare placuit;
Redemptorem eximiùm
Nobis eum exhibuit.

Vn

Vn fleuve qui fortoit du fejour des délices
Arrofoit de plaifirs ce Paradis naiffant,
      Et fur l'homme encor innocent
Rouloit avec fes flots l'ignorance des vices;
Vierge, ce mefme fleuve en ton cœur s'épandit,
Quand pour nous affranchir de ce qui nous perdit
Ton corps du Fils de Dieu fut l'augufte demeure:
La Terre au grand Autheur en rendit plus de fruit,
La Nature en receut une face meilleure,
Et triompha deflors du vieux peché détruit.

Ce Fils comme fon Pére arbitre du tonnerre,
Ce maiftre comme luy des hommes & des Dieux,
Ayant pour fon palais un Paradis aux Cieux,
Voulut pour fa demeure un Paradis en Terre :
Ce Pere Tout-puiffant l'y forma de ton corps,
Qu'il commit à garder ce trefor des trefors,
Dès qu'il te vit de l'Ange agréer la vifite :
Ainfi fe commença noftre Rédemption,
Ainfi tu donnas place au fouverain mérite
Qui nous dégage tous de la corruption.

Arcam Noe fabricavit,
Sed de lignis lævigatis,
Fabricatam subintravit
Cum uxore & cum natis :
De parentibus beatis
Sibi matrem te formavit
Dominus , & à peccatis
Te subintrans conservavit.

4. Figurata
fuit per Ar-
cam Noe.
Gen. 6. *&* 7.

Pactum suum antiquitùs
Deus promisit Patribus,
Arcum suum divinitùs
Ostendendum in nubibus,
Qui fœderis est omnibus
Signum promissum cœlitùs;
A Deo pax hominibus
Datur in eo penitus.

5. Figurata fuit
per Arcum
quem Domi-
nus dedit Noe
in signum fœ-
deris. *Gen.* 9.

Noé baftit une Arche avant que le Défuge
Fift de toute la Terre un vaste lit des eaux,
Il fait d'un bois poly ce premier des vaiffeaux,
Où fa famille trouve un affeuré refuge.
Cette Arche eft ton portrait, fon bois poly nous peint
Des parens dont tu fors le choix heureux & faint,
Dieu s'en fait un vaiffeau comme ce Patriarche;
Mais on voit un autre ordre au myftére caché,
Pour fe fauver des eaux Noé monte en fon Arche,
Dieu pour defcendre en toy te fauve du peché.

L'onde enfin fe retire en fes vastes abîmes,
La Terre fe reveft des plus vives couleurs,
Et la pitié du Ciel s'épand fur nos malheurs
Ainfi que fa colere avoit fait fur nos crimes.
Si la tempefte encor ofe nous menacer,
Sa fureur a fa borne, & ne la peut forcer,
Vn grand Arc fur la nuë en marque l'affeurance,
Et Dieu l'y fait briller pour fignal qu'à jamais
Sa bonté maintiendra l'amoureufe alliance
Qui du cofté des eaux nous a promis la paix.

B. ij

Labor & timor fugiunt
Arcu monſtrato fœderis,
Spes & gaudium veniunt
Peccatoribus miſeris :
Qui de reatu ſceleris
Flentes, arcum conſpiciunt,
Per promiſſum de ſuperis
Se conſolatos ſentiunt.

Eſt in Arcu cœruleus
Color, qui Virginitatis
Typum gerit, & rubeus
Etiam qui charitatis
Formam notat, puritatis
Tuæ demonſtrat aqueus
Notam, & humilitatis
Quam elegit in te Deus.

Que se créve à grand bruit le plus épais nüage,
Qu'il verse à gros torrents ce qu'il a de plus noir,
L'Arc témoin de ce pacte à peine se fait voir
Qu'il dissipe la crainte & nous rend le courage:
La joye avec l'espoir r'entre au cœur des pécheurs,
          Qui l'œil battu de pleurs
Avec sincerité détestent leurs foiblesses,
Et quoy que sur leur teste ils entendent rouler,
Le souvenir d'un Dieu fidelle en ses promesses
Leur donne à cet aspect dequoy se consoler.

Vois, ô Reine du Ciel, voy comme il te figure,
Comme de tes vertus ses couleurs sont les traits:
Son azur dont l'éclat n'a que de purs attraits
De ta Virginité fait l'aimable peinture,
Par le feu dont ce rouge est si bien animé
Ton zéle ardent pour Dieu voit le sien exprimé,
Ta charité vers nous y trouve son image,
Et de l'humilité qui par un prompt effet
Du choix du Tout-puissant mérita l'avantage,
Ce blanc tout lumineux est le tableau parfait.

Nubibus cœli cerneris
Arcus, quæ nos illuminas,
Refulgens morum miseris
Exempla cunctis seminas,
Hæreses omnes terminas,
Et hæreticos conteris,
In Christo quando geminas
Naturas simul congeris.

Arcus insuperabilis,
Arcus potens, arcus fortis,
Arcus dulcis, amabilis,
Arcus patens cœli portis,
Post præsentis metam mortis
Nobis inevitabilis,
Fac consortes tuæ sortis
Nos, Virgo venerabilis.

Telle donc que cet Arc la Terre te contemple,
Tu fais pleuvoir du Ciel cent lumiéres sur nous,
Ta brillante splendeur séme de là pour tous
Des plus parfaites mœurs un glorieux éxemple.
Par toy chaque Héréfie a son cours terminé,
En vain de ses enfans le courage obstiné
De ses fausses clartez s'attache aux impostures,
Il suffit de te voir unir en Iesus-Chrift
Par ta submission deux contraires natures,
Pour brifer tout l'orgueil dont s'enfle leur esprit.

Arc invincible, Arc tout aimable,
Qui guéris en blessant au cœur,
Arc en pouvoir comme en douceur
Egalement incomparable ;
Arc qui fais la porte des Cieux,
Vierge sainte enfin qu'en tous lieux
Vn respect sincére doit suivre,
Quand de noftre destin l'inévitable loy
Nous aura fait ceffer de vivre,
Fay nous part de ta gloire & revivre avec toy.

Dormiens Iacob somnio
Scalam vidit contingentem
Cœlum, cujus confinio
Deum vidit innitentem,
Angelorum descendentem
Cœtum vidit, promiſſio
Terræ sanctæ per Potentem
Datur, & benedictio.

6. Figurata
fuit per scalam
quam Iacob in
somnis vidit.
Gen. 28.

O Maria, figuraris
Scala, sed scalam superas,
Ab Angelo salutaris,
Deum hominem generas,
Super Virtutes superas
Per Angelos collocaris,
Genus humanum liberas,
Ergo longè plus bearis.

Le sommeil de Iacob luy fait voir des miracles,
L'échelle qu'il luy montre en luy fermant les yeux
        De la terre atteint iusqu'aux Cieux,
Dieu s'appuye au dessus pour rendre ses Oracles:
Les Anges dont soudain un luisant escadron
De célestes clartez couvre chaque échelon,
S'en servent sans relasche à monter & descendre,
Et d'un songe si beau les claires visions
L'asseurent de la terre où son sang doit prétendre,
Et de ce qu'a le Ciel de bénédictions.

Marie est cette échelle, elle l'est, & la passe,
Par elle on reçoit plus que Dieu n'avoit promis,
Aussi pour luy parler l'Ange qu'il a commis
La nomme dès l'abord toute pleine de Grace.
Elle nous donne un fils, mais un fils Homme-Dieu,
Et quand son corps sacré quitte ce triste lieu,
Pour le porter au Ciel elle a des milliers d'Anges,
De ce brillant sejour elle rompt tous nos fers,
De tous nos maux en biens elle fait des échanges,
Et nous préte son nom pour braver les Enfers.

Mater, tua virginitas
Rubo montis ostenditur
Oreb, cujus viriditas
Per ardorem non uritur:
Sic nec tua corrumpitur
Virginalis integritas,
Dum ventre tuo jungitur
Humanitati Deitas.

7. Figurata fuit per rubum qui ardebat nec comburebatur. *Ex. 3.*

In vase Manna positum
Vt conservetur, legitur
Israelitis traditum,
Nec vas Manna polluitur:
In te Christus concipitur,
Virgo, per sanctum Spiritum,
Neque tua minuitur
Virginitatis meritum.

8. Figurata fuit per vas in quo seruatum fuit Manna. *Ex. 16.*

Moyse est tout surpris quand pour luy toucher
   Dieu se revest de flame: (l'ame
Celle que sur l'Oreb il voit étinceler
Pare un buisson ardent au lieu de le brûler,
Et s'en fait comme un trône, où plus elle s'allume,
   Et moins elle consume.
  Ton adorable intégrité
O Vierge Mére, ainsi ne souffre aucune atteinte,
Lors qu'en tes chastes flancs se fait l'union sainte
De l'Essence divine à nostre humanité.

Que la Manne au Desert est d'étrange nature!
Son goust le prémier jour se conforme au souhait,
Et quand pour d'autres jours la réserve s'en fait,
Elle soüille le vase & tourne en pourriture:
Ce peu seul qui dans l'Arche en tient le souvenir
S'y garde incorruptible aux siécles à venir,
Sans que soüillûre aucune à son vaisseau s'attache:
  Ainsi tu conçois Iesus-Christ,
Et ta virginité demeure ainsi sans tache,
En nous donnant ce Fils conceu du saint Esprit.

Nobis Manna mirificum
Servasti mirabiliter,
Manna terminans typicum,
Figuratum veraciter
In se misericorditer
Per illud Manna cælicum,
Quod dabatur communiter
Israël in viaticum.

Vetustum Manna novitas
Tuæ Gratiæ terminat,
Figurarum antiquitas
Fugit, & lux illuminat
Nova, quos lex discriminat
Nova, cessat obscuritas,
Purgat, mundat, eliminat
Antiqua, nova claritas.

Comme

Comme tomboit du Ciel cette Manne mystique
Qui du peuple de Dieu faifoit tout le foûtien,
Ainfi du fein du Pére eft defcenduë au tien
Celle qui des Enfans eft le feul viatique.
La Manne merveilleufe, & que nous figuroit
Celle qu'en la cueillant tout ce peuple admiroit,
Par une autre merveille ainfi nous eft donnée:
Ainfi nous pouvons prendre, ainfi nous eft offert
Plus que ne recevoit cette troupe étonnée,
Qui durant quarante ans s'en nourrit au Defert.

Ta Grace par l'effet avilit la figure,
Elle en ternit l'éclat, elle en féme l'oubly,
Et par fa nouveauté l'Vnivers ennobly
N'a plus d'amour ny d'yeux pour la vieille peinture;
Les nouvelles clartez de la nouvelle loy
        Que Dieu fait commencer par toy
Ne laiffent rien d'obfcur pour ces nouveaux Fidelles,
        Et ce qui jadis ébloüit,
Si-toft que tu répans ces lumiéres nouvelles,
        Ou s'épure, ou s'évanoüit.

C

Summus artifex omnium
Te providit , vas nobile,
Vas dignum , vas egregium,
Vas gratum , vas laudabile,
Vas cunctis venerabile ,
Famulis ut edalium
Ministres delectabile,
Panemque cœli civium.

Tu ministras hominibus
Verum panem Angelorum,
Tuis natum visceribus
Pro salute peccatorum.
Hic est panis viatorum,
Qui non est dandus canibus,
Qui est salus miserorum,
Præstans omnibus panibus.

Ce grand autheur de toutes chofes,
Ce Dieu qui fait d'un mot quoy qu'il ait réfolu,
Te regarda toûjours comme un vafe impollu
Où fes Graces feroient enclofes.
Vafe noble, admirable, & charmant à l'afpect,
Digne d'un faint hommage & d'un facré refpect,
Digne enfin du trefor qu'en toy fa main enferme;
C'eft par toy qu'il voulut qu'on gouftaft en ces lieux
Pour arrhes d'un bonheur & fans borne & fans terme
Ce pain des habitans des Cieux.

Tu nous donnes ce pain des Anges
Que tes entrailles ont produit,
Ce pain des voyageurs , ce pain qui nous conduit
Iufqu'où ces purs Efprits entonnent fes loüanges:
C'eft ce pain des enfans , ce comble de tous biens,
Qu'il ne faut pas donner aux chiens,
A ces hommes charnels qui ne vivent qu'en brutes;
Il n'eft que pour les cœurs d'un faint amour épris,
Et comme il les guérit des plus mortelles cheutes,
Sur tous les autres pains ils luy doivent le prix.

C ij

Ecce panis dulcissimus,
Ecce panis amplectendus,
Ecce panis pinguissimus,
Ecce panis diligendus,
Ecce panis recolendus,
Ecce panis præoptimus,
Cibus cunctis præferendus,
Et præ cunctis gratissimus.

Cibus iste nos reficit,
Recreat, & regenerat,
Et sibi mentem allicit,
Dirigit, & confœderat;
Omne bonum exaggerat,
Et omne malum abjicit,
Vincit, regnat, & imperat,
Auget, alit, & perficit.

C'est en luy que sont renfermées
Les plus salutaires douceurs
Que puissent aimer de tels cœurs,
Et les plus dignes d'estre aimées,
Il est plein d'un suc ravissant,
D'un suc si gracieux, d'un suc si nourrissant,
Qu'il fait seul un banquet où toute chose abonde;
Il est pain, il est viande, il est tout autre mets,
Il rend seul une table en délices féconde,
Et doit estre pour nous le banquet des banquets.

Ce mets nous rétablit, ce mets nous régénére,
Il raméne la joye & fait cesser l'ennuy,
Ton fils qui par ce mets attire l'ame à luy
La guide par ce mets & l'allie à son pére:
Ce mets de tous les biens est l'accomplissement,
Il est de tous les maux l'anéantissement,
Pour nous il vainc, il régne, il étend son empire,
Il soutient, il fait croistre en sainte ambition,
Et pour dire en un mot tout ce qu'on en peut dire,
Il éléve tout l'homme à sa perfection.

C iij

Vivus panis, & vitalis,
Via, veritas, & vita,
Est hic panis immortalis,
Et bonitas infinita,
Quo refulget præmunita
Nova sponsa spiritalis:
Synagoga definita
Perit, & umbra legalis.

Manna cessat, & cælicus
Nobis panis proponitur,
Panis verus vivificus
Nobis de cælo mittitur,
Christianis comeditur
Solis hic panis mysticus,
Quibus communis traditur
Verus panis Angelicus.

Il est le pain vivant, & qui seul vivifie,
Il est ensemble & vie, & voye, & vérité,
Luy-mesme il nous départ son immortelle vie
Par les épanchemens d'une immense bonté.
L'Eglise avec ce pain reçoit tant de lumiére,
Que la nouvelle épouse efface la prémiére
Par les vives splendeurs qui font briller sa foy;
La Synagogue tombe, & périt auprès d'elle,
    Et l'ombre de la vieille loy
    Fait place au jour de la nouvelle.

La Manne a donc tary, le Ciel n'en verse plus,
    La figure céde à la chose,
    Et le pain que Dieu nous propose
D'un Ciel encor plus haut descend pour ses Elûs.
    Si la Manne eut cet avantage
Que des fils d'Israël elle fut le partage,
    Ce pain est celuy du Chrétien:
O Chrétien, pour qui seul est fait ce pain mystique,
Vien, mãge, & puisqu'en fin c'est un pain Angelique,
Fay comme un Ange, & montre un zéle égal au sien.

Beatus Tabernaculo
Moïses virgam posuit
Aaron , sed pro titulo
Sacerdotis , quæ fronduit,
Floruit , fructum habuit,
Evidenti miraculo :
Sacerdotis obtinuit
Ius Aaron in populo.

9. Figurata fuit per Virgam Aaron quæ habuit fructum præter opus Naturæ. *Num*.17.

Ecce valdè mirabilis
Res , & miranda novitas :
Floret siccitas sterilis,
Gignit sicca sterilitas,
Parturit virgæ siccitas,
Fructum profert , & fertilis
Efficitur ariditas,
Non fuit ante similis.

Passons de miracle en miracle.
Moïse met au nom des tribus d'Ifraël,
Pour faire un Preftre à l'Eternel,
Douze verges au Tabernacle:
Aaron y joint la fienne, elle feule y produit
Des feüilles, des fleurs, & du fruit,
Par là du Sacerdoce il emporte le tître,
Tout ce peuple n'a qu'une voix,
Et de ce mefme Dieu qu'il en a fait l'arbitre
Il accepte à grands cris & benit l'heureux choix.

Quelle nouveauté furprenante!
La fleur fort de l'aridité,
Le fruit, de la ftérilité,
Vn bois fec reverdit, il germe, écloft, enfante,
Où font tes loix, Nature, & que devient ton cours
Dans ces miraculeux retours,
Qui rendent malgré toy l'impuiffance fertile?
Et quel eft le pouvoir qui ne prend qu'une nuit
Pour tirer d'une branche, & fechée, & ftérile,
Ces fueilles, ces fleurs, & ce fruit?

Notat virga florigera,
Quæ Naturæ non opere
Efficitur fructifera,
Sed puro Dei munere,
Quod debebas concipere,
Virgo , nova puerpera,
Et novum fructum parere,
Post partum Virgo libera.

Ergo , Virgo verè parens,
Germinasti campi florem,
Dei patris verbo parens
Mundi paris Salvatorem,
Puritatisque decorem
Non amittis , sorde carens,
Charitatis fundens rorem,
Quo rigatur Mundus arens.

        Ce fruit , & ces fleurs , & ces fueilles,
Pour étaler aux yeux un si nouvel effet,
        N'attendent point que tu le veüilles,
Dieu le veut , il suffit , le miracle se fait :
Il est son pur ouvrage , & comme ce grand Maistre
Sans prendre ton avis toy-mesme t'a fait naistre,
Sans prendre ton avis il renverse tes loix :
Vn bois sec rend du fruit par son ordre suprême,
Par son ordre suprême , ô Vierge , tu conçois,
Et ta virginité dans ta couche est la mesme.

        Elle est toûjours la mesme,& ce grand Souverain
En conserve les fleurs toûjours immaculées,
Alors qu'il fait germer dans ton pudique sein
La Fleur de la Campagne , & le Lis des Vallées.
Ta prompte obeïssance attire sa faveur
Qui te fait de la Terre enfanter le Sauveur,
Sans que ta pureté demeure moins entiére,
Et cette obeïssance enflant ta charité ,
D'un amour tout divin fait comme une riviere
Qui s'épanche à grands flots sur nostre aridité.

De Iacob exoritura
Nova stella prædicitur,
Ex Israël nascitura
Virga nobis ostenditur,
Per quam Moab percutitur:
Te præsignat hæc figura,
De qua virga producitur
Christus, mirante natura.

10. Figurata
fuit per Stel-
lam & per
virgam de
quibus pro-
phetauit Ba-
laam. *Num.*25.

Ista stella clarißima,
Quam non violat radius,
Luce nitens purißima,
Crystallo fulgens clariûs,
Te significat veriûs,
Virgo semper castißima,
Quam non violat filius,
Ex te nascens mundißima.

Vn Prophète promet une nouvelle Etoile,
Du milieu de Iacob cet Astre doit fortir,
Vne verge nouvelle en doit auffi partir,
L'une & l'autre a paru , l'une & l'autre eft ton voile.
La verge d'Ifraël dont Moab eft batu
Eft un portrait de ta vertu
Qui de tous ennemis t'affeure la défaite,
Et la fleur qu'elle porte eft ton Fils Iefus-Chrift,
En qui d'étonnement la Nature müette
Voit ce qu'elle attendoit & jamais ne comprit.

L'Etoile garde encor fa clarté toute entiére
Bien qu'un rayon en forte & brille fans égal,
La pureté de fa lumiére
Fait toûjours mefme honte à celle du crystal:
Ce rayon qui la laiffe ainfi brillante & pure ,
De ton Fils & de toy nous offre la figure,
De ce Fils qui conferve en toy la pureté,
De toy qui le conçois fans foüillûre & fans tache,
Et qui gardes encor la mefme intégrité
Quand mefme de tes flâcs pour naiftre il fe détache.

D

Consurgens virga mystica
Ex Israel propheticé,
Promissa virgo nitida,
Diceris virga mysticé ;
Egrediens de radice
Iesse , potens & valida,
Florem profers mirificé ,
Virgo materque gravida.

Tu es virga , tu es stella,
Tu es Gratiæ fluvius ,
Deitatis munda cella ,
Genitrix cujus filius
Flos dicitur & radiûs ,
Charitatis fundens mella
Cœlo , luctus superiûs
Mundum servans à procella.

Verge mystique d'Israël,
Par les Prophètes tant promise,
Verge que le Pére éternel
Sur toutes autres favorise ;
De la racine de Ieſſé,
Comme ils nous l'avoient annoncé,
Nous te voyons ſortir exempte de foibleſſe :
Tu conçois par miracle, & ton merveilleux fruit
Rend pour toy compatible avecque la groſſeſſe
Cette virginité que tout autre détruit.

N'és-tu pas cette Etoile enſemble & cette verge,
Verge que de la Grace arroſe un clair ruiſſeau,
Etoile en qui Dieu fait un Paradis nouveau,
Vierge & Mére à la fois , & Mére toûjours Vierge?
L'Etoile a ſon rayon , & la verge a ſa fleur,
Ton Fils eſt l'un & l'autre , & de ce cher Sauveur
La fleur & le rayon nous preſentent l'image ;
Fleur céleste qui porte un miel tombé des Cieux,
Et rayon dont l'éclat diſſipe tout l'orage
Qui fit trembler la Terre & gémir nos Ayeux.

D ij

Ave virga fertilior
Vniversis arboribus,
Ave stella fulgidior
Vniversis syderibus,
Factis, dictis, virtutibus,
Vniversis præstantior,
Creaturis, hominibus,
Custos & quies tutior.

Tu Gedeonis rorida
Concha cælestis diceris,
Rore manans & fluida,
Lanâ compressa velleris;
Divini dono muneris
Tu semper manes madida,
Solatium das miseris,
Sed Terra manet arida.

11. Figurata
fuit per con-
cham quam
Gedeon im-
plevit rore.
Iudic. 6.

        O Verge , dont aucune plante
      N'égale la fertilité,
      Etoile de qui la clarté
      Sur toutes autres est brillante,
      Tes paroles , tes actions
      Ont toutes des perfections
      Au dessus de la Créature,
      Et l'homme accablé de malheurs
Ne sçauroit où choisir protection plus seure,
Ny se faire un repos moins troublé de douleurs.

      Gédéon voit couvrir sa Toison de rosée,
En presse les floccons , & remplit un vaisseau
      De cette miraculeuse eau
Qu'au reste de son champ le Ciel a refusée.
O Marie, ô vaisseau plein des Graces d'enhaut,
Que Dieu pour te former sans tache & sans defaut
Réserva pour toy seule & fit inépuisables,
Daigne pour consoler nostre calamité
En verser quelque goute aux pecheurs misérables,
Que tu vois icy-bas languir d'aridité.

Verus cœlestis fluminis
Tuam concham munditiæ.
Ros replevit, dum Numinis
Sacri munere Gratiæ,
Plena Solis justitiæ,
Mater Dei & hominis
Fis, flore pudicitiæ
Vernans matris & virginis.

Implevit domum Domini
Superni Regis gloria,
Suo sacratam nomini
Salomonis industria,
Dum te superna Gratia
Gabrielis affamini
Parentem, Virgo Maria,
Replet dicatam Numini.

12. Figurata
fuit per do-
mum Domini
quam ædifica-
uit Salomon
& gloria Do-
mini eam im-
plevit. 3. Reg.
c. 6.

O que cette rosée étoit vraiment céleste
      Qui tomba dans ton chaste sein,
Lors que de nous sauver un Dieu prit le dessein,
Et que la Grace en toy devint si manifeste.
Le Soleil de Iustice alors qui te remplit
      Fit qu'en toy s'accomplit
Le mystére où ce Dieu devoit s'unir à l'homme:
Il est homme, il est Dieu dans ton flanc virginal,
Et commençant dès là ce que sa Croix consomme,
Il t'honore à jamais d'un tître sans égal:

Sa Grace te remplit si-tost qu'à son message
Ton humble obeïssance eut donné son aveu,
Et que son messager y vit un digne feu
Te consacrer entiére à ce divin ouvrage.
Telle dès le moment qu'acheva Salomon
De consacrer un Temple aux grandeurs de son nom,
La gloire du Seigneur en remplit tout l'espace ;
D'un miracle pareil il couronne ta foy,
Et joint dès icy-bas tant de gloire à ta Grace,
Que la Grace & la Gloire est mesme chose en toy.

Notat hîc Dei filium
Salomon Rex pacificus,
Qui fecit tronum regium
Vt hic artifex cœlicus,
Et nuncius Angelicus
Præparavit hospitium,
Nostræ salutis pisticus,
Verum deferens gaudium.

Maria, mater gratiæ,
Mater & fons bonitatis,
Mater misericordiæ,
Fons & fomes pietatis,
Triclinium Deitatis,
Mater Solis justitiæ,
Perpetuæ claritatis
Confer lumen, & gloriæ.

Salomon, ce Roy pacifique
Eleva dans ce Temple un trofne au Dieu des Dieux,
Et le Dieu de la Paix, le Monarque des Cieux
S'en fait un dans ton fein pudique.
Il vient y prendre place & finir noftre ennuy,
Vn meffager célefte envoyé devant luy
En ce pudique fein luy prépare la voye ;
Mais bien que de tout temps ce Dieu l'eut réfolu,
Bien que l'Ange à toy-mefme en eut porté la joye,
Ce Dieu n'auroit rien fait fi tu n'avois voulu.

Mére Vierge, mére de Grace,
Palais de la Divinité,
Torrent d'amour & de bonté
Dont le cours jamais ne fe laffe,
Illuftre original de tant d'heureux crayons,
Mére du Soleil de Iuftice,
Fais-en jufque fur nous defcendre les rayons,
Porte-luy jufqu'au Ciel nos vœux en facrifice,
Et préte à nos befoins un fecours fi propice,
Que nous puiffions enfin voir ce que nous croyons.

Vxor Nabal cum Davide
Pacem datis muneribus
Nabal reformat solidé,
Benignißimis precibus;
Licet Nabal sermonibus,
Dictis, factísque stolidé,
Meruißet doloribus
Vitam finire turbidé.

13. Figurata
fuit per Abi-
gaïl. *Regum* 1.
c. 25.

Larga Nabal convivia
Suo faciens tonsori,
Quærendo temporalia,
Gulæ vacans & honori,
Comparatur peccatori
Dei danti convitia
Servis, unde morte mori
Debet propter hæc vitia.

Créatures inanimées,
Qui formez jusqu'icy ce merveilleux portrait,
Souffrez que le beau séxe en rehauſſe le trait,
Et montre ſes vertus encor mieux exprimées.
Laiſſez-nous admirer l'illustre Abigaïl,
Laiſſez-nous voir ſa grace, & ſon discours civil
Arréter un torrent de fureurs légitimes ;
Elle n'épargne dons, ny priéres, ny pleurs,
Et force ainſi David à pardonner des crimes,
Qui s'attiroient déja le dernier des malheurs.

Son arrogant époux en festins ſi prodigue
Pour tous ceux qu'il aſſemble à tõdre ſes troupeaux,
Qui de ces jours d'excès fait ſes jours les plus beaux,
Et pour de vains honneurs laſchement ſe fatigue;
Ce Nabal dont l'orgueil enflé de tant de biens
Paſſe jusqu'au mépris de David & des ſiens,
Du pecheur inſolent eſt une affreuſe image:
Il brave comme luy le maiſtre de ſon ſort,
A ſes vrais ſeruiteurs comme luy fait outrage,
Et comme luy s'attire une infaillible mort.

Iste desiderabilis
Vultu David gratiosus,
Rex nulli comparabilis,
Manu fortis, bellicosus,
Clemens, pius, amorosus,
Christus est immutabilis,
Qui semper est gloriosus
In Sanctis, & mirabilis.

Es tu Abigaïl sapiens,
David referens munera,
Nabal & David faciens
Precibus tuis fœdera,
Dum pia lactis ubera
Christo dedisti nutriens,
Hinc peccatoris scelera
Tuis meritis leniens.

D'ailleurs,

D'ailleurs , ce David tout aimable,
Qu'à se vanger on voit si prompt,
Flexible à la priére , & sensible à l'affront,
En clémence , en rigueur , à nul autre semblable;
Ce guerrier si benin , qui devient sans pitié
Au mépris & des siens & de son amitié,
Forme de Iesus-Christ l'adorable peinture:
Biē qu'il soit Dieu de Paix,le foudre est en ses mains,
Et tout bon qu'il veut estre , il sçait vanger l'injure,
Et qu'on fait à sa gloire , & qu'on fait à ses Saints.

A force de presens , à force de priéres
La belle Abigaïl arréte ce grand cœur,
Et desarme elle seule une juste fureur
Qu'allumoient de Nabal les réponses trop fiéres,
Elle fait alliance entre David & luy :
        O Vierge , nostre unique appuy,
Pour nous près de ton Fils tu fais la mesme chose,
Et ce lait virginal dequoy tu le nourris,
Si-tost que ta priére à sa fureur s'oppose,
D'infames criminels nous rend ses favoris.

E

Regina , virgo regia,
De genere David Regis ,
Dei mater & filia ,
Christum paris , Christum regis ,
Nostra mater , nostræ legis
Gaudium & lætitia ,
Peccatoris fortis Aegis ,
Decus , honor , & gloria.

In te sola spes figitur
Omnis humani generis ,
Per te solam destruitur
Adæ peccatum veteris :
Vitæ portus es miseris ,
Per te salus acquiritur ,
Nescit reatum sceleris
Qui te devotè sequitur.

De ce mefme David race vraiment Royalle,
        Digne fang des plus dignes Rois,
Mére & fille d'un Dieu qui te laifle à ton choix
Difpenfer les trefors de fa main libérale ;
Ce Dieu qui près de luy te donne un fi haut rang,
Par la nouvelle loy qu'il fcella de fon fang
Nous a tous fait tes fils , montre-toy noftre Mére,
Sois de cette loy mefme & la joye & l'honneur,
Et contre tous les traits d'une jufte colére
Sers-nous de bouclier , & fay noftre bonheur.

En toy feule aujourd'huy fe fonde l'efpérance
        De tout le genre humain,
        Toy feule as dans ta main
Dequoy du vieil Adam purger toute l'offenfe :
Par toy le port de vie aux pecheurs eft ouvert,
        Par toy le falut eft offert
A qui te peut offrir tout fon cœur en victime;
Et quoy que les Enfers ofent nous fuggérer,
        Quiconque te fçait honorer
        Ne fçait plus ce que c'eft que crime.

Bonum est ergo subdere
Sese tuæ servituti,
Secundum te se regere,
Disponendo se virtuti.
Namque tui servi tuti
Per te possunt ascendere
Cælum, vitam assecuti,
Tecum semper & vivere.

Volens Mundum sævitia
Principis Assyriorum
Subjicere, nefaria
Manu collecta virorum,
Magnam plebem Iudæorum
Obsedit in Bethulia,
In mortem mæstam eorum
Mente debacchans impia.

14. Figurata
fuit per Iudith,
quæ Holofer-
nem peremit,
& populum li-
beravit.
Iudith 13.

Il fait donc bon te rendre un sincére respect,
En faire sa plus noble étude,
Se tenir en tous lieux comme à ton saint aspect,
Mettre toute sa gloire à cette servitude :
Car enfin les sentiers que tu laisses batus
Sont par tout semez de vertus
Qui de tes serviteurs font l'entiére asseurance,
Ils guident sans péril à l'éternelle paix,
Et ce qu'on a pour toy de sainte déférence
Avec toy dans le Ciel fait revivre à jamais.

Aprés Abigaïl aussi sage que belle
Iudith montre un courage égal à sa beauté,
Quand des Assyriens le Monarque irrité
Traite Béthulie en rebelle.
Pour vanger le mépris qu'on y fait de ses loix
Ce Roy qui voit sous luy trembler tãt d'autres Rois
Envoye à l'assiéger une effroyable Armée.
Holoferne préside à ce barbare effort,
Et de la multitude en ses murs enfermée
Aucun ne sçauroit fuir, ou les fers, ou la mort.

Sancta Iudith pro populo
Salvando se præparavit,
Nocte surgens de lectulo,
Vocans Abram properavit,
Holoferni presentavit
Se, pro gentis periculo,
Necans eum, liberavit
Cives à mortis jaculo.

Est civitas Bethulia,
Quam obsidet dissensio,
Dæmonisque perfidia,
Et hæresis deceptio,
Conjuncta tuo filio
Nostra mater Ecclesia,
Tuo tuta subsidio,
Munita tua Gratia.

Que réfous-tu , Iudith ? qu'oppofe pour reméde
L'amour de ta Patrie à de fi grands malheurs?
Et que doit ce grand peuple accablé de douleurs
Contre tant d'ennemis efpérer de ton aide ?
Tu portes dans leur Camp le doux art de charmer,
Tu vois leur Holoferne , & tu t'en fais aimer,
Sa joye eft fans pareille , & fon amour extrème;
Il croit par un feftin te le témoigner mieux,
Il s'enyvre , il s'endort, & de fon poignard mefme
Tu luy perces le cœur qu'avoient percé tes yeux.

Cette Béthulie afliégée
Des bataillons Aflyriens ,
Et prefte à s'en voir faccagée
Par la divifion des fiens,
C'eft , ô Vierge , qu'un Dieu révére,
L'époufe de ton Fils , l'Eglife noftre Mére,
Qu'afliége l'héréfie , & qu'attaque l'Enfer :
Forte de ton fecours elle en brave l'audace,
Et tant que pour appuy fes murs auront ta grace,
Elle eft feure d'en triompher.

Tu es Iudith pulcherrima,
Quæ liberas Ecclesiam
Holofernis acerrima,
Vt per divinam Gratiam,
Hæresisque perfidiam
Confutas, beatissima,
Fundens super familiam
Spem quæ manet certissima.

Benignus sapientiæ
Spiritus, & dulcedinis,
Consilij, scientiæ,
Timoris, fortitudinis,
Lumen divini Numinis
Omni genere Gratiæ
Te replevit, ut hominis
Causa sis indulgentiæ.

Belle & forte Iudith , qui fauves d'Holoferne
Ta chére Béthulie & tous fes habitans,
Puis que par ton esprit l'Eglife fe gouverne,
Ses triomphes iront auffi loin que les temps:
Tu combats , tu convaincs , tu confonds l'héréfie,
    Et quoy qu'ofe fa frénéfie ,
Elle tremble à te voir les armes en la main ,
Tandis que les rayons dont ta couronne brille
    Sur nous qui fommes ta famille
Répandent du falut l'espoir le plus certain.

Ils n'y répandent pas cette feule espérance,
Ils y joignent l'esprit qui méne à fon effet ,
Vn esprit de douceur qu'en Dieu tout fatisfait,
Vn esprit de clarté , de confeil , de fcience:
La fageffe à la force en nous s'unit par eux,
La crainte filiale au respect amoureux
Qui donne un vol fublime aux ames les plus baffes;
Tous ces trefors fur nous par toy font épanchez,
Et Dieu t'a departy toute forte de Graces,
Pour faire en ta faveur grace à tous nos pechez.

Edissa per connubium
Assuero conjungitur,
Thalamum subit regium,
Coronatur, præficitur
Cunctis, Vasthi deponitur,
Amittit regni solium;
Superba Vasthi tollitur,
Esther habet dominium.

15. Figurata
fuit per Esther,
quæ populum
suum libera-
vit. *Esther* 7.

Notat Esther cor humile,
Cor contritum humiliter,
Cor dulce, cor amabile,
Cor diligens veraciter,
Cor contemplans sublimiter:
Vasthi notat cor fragile,
Exaltans se perniciter,
Superbum, & indocile.

La charmante Esther vient en suite,
Assuérus l'épouse & la fait couronner,
Et la part qu'en son lit on le voit luy donner
Montre l'heureux succès d'une sage conduite.
La superbe Vasthi que son orgueil déçoit
Rejette avec mépris l'ordre qu'elle en reçoit,
Et son propre festin par sa perte s'achéve:
Quelle vicissitude en ce grand changement !
L'arrogance fait choir, l'humilité reléve,
L'une y trouve son prix, l'autre son chastiment.

O que ces deux beautez ont peu de ressemblance !
En l'une on voit un cœur à la vertu formé,   (aimé,
Vn cœur humble, un cœur doux, & digne d'estre
Mais qui ne sçait aimer qu'avec obeïssance :
En l'autre, vne fierté qui ne veut point de loy,
Qui croit faire la Reine en dédaignant son Roy,
Et que l'orgueil du Throsne a renduë indocile;
Cet orgueil obstiné ne sert qu'à la trahir,
Et prépare à sa cheute une pente facile
Par l'horreur que luy fait la honte d'obeïr.

Et te quid est humilius
Per cuncta Mundi climata,
Dulcius, amabilius,
Destruens cuncta Schismata?
Te sacra probant dogmata
Nil esse gratiosius,
Sacra probant Enigmata
Te nihil esse mundius.

Designat Esther igitur
Te, qua nunquam humilior
In creaturis legitur
Fuisse, nec suavior:
Pulchrior, amabilior,
Dulcior nulla dicitur,
Et propter hoc sublimior
Esse nulla te noscitur.

Sainte

Sainte Vierge , eſt-il rien au Monde
Ou plus humble,ou plus doux,ou plus charmant que
Eſt-il rien ſous les Cieux qui faſſe mieux la loy (toy?
Aux Schismes dont la Terre abonde?
Non , il n'eſt rien ſi gracieux,
Rien ſi beau , rien ſi précieux,
Si nous en croyons l'Ecriture,
Et meſme ſous l'obscurité
L'Enigme y fait trop voir qu'aucune Créature
N'approche de ta pureté.

Tu veux dóc bien qu'Eſther ait place en ton image,
Que ſes traits les plus beaux ſervent d'ombres aux
Toy dont les actions, toy dont les entretiens (tiens,
Ont tant d'humilité , tant d'amour en partage.
Parmy tout ce qu'envoye aux ſiécles à venir
La lecture ou le ſouvenir,
Ta bonté , ta douceur, ne trouvent point d'égales,
Elles charmét Dieu meſme auſſi-bien que nos yeux,
Et plus icy tu te ravales,
Plus il t'éléve haut dans l'Empire des Cieux.

F

In Iudæos invidia
Sævit Aman perverfitas,
Damnat eos perfidia,
Crudelifque dolofitas:
Mardochei benignitas
Efther fcribit euprepia,
Mutetur ut crudelitas
Decreti Regis impia.

Condolet Efther fratribus
Totius fui generis,
His auditis rumoribus
Regem adit, qui fœderis
Signum dedit, peftiferis
Morti datis complicibus;
Damnatur Aman fceleris,
Ejus notis criminibus.

Mesmes vertus en elle ébauchoient ton mérite,
Et son pouvoir au tien n'a pas moins de rapport ;
Aman en fait l'épreuve , & son perfide effort
Voit retomber sur luy l'orage qu'il excite.
Vn Iuif voit tant d'orgueil sans fléchir les genoux,
Pour ce mépris d'un seul il veut les perdre tous,
Il en fait mesme au Roy signer l'ordre barbare :
L'affligé Mardochée à sa niéce en écrit.
Ne tremblez plus , ô Iuifs , une beauté si rare
Veut périr ou sauver son peuple qu'on proscrit.

Esther tendre & sensible au mal qui le menace
Y hazarde sa vie , & se presente au Roy,
Le Roy pour l'affranchir des rigueurs de sa loy
Vers des appas si doux tend le signal de grace :
Esther avec respect le convie au festin ,
Luy peint d'elle & des siens le malheureux destin,
Et de son favory l'insolence & les crimes ;
Ce lasche tout surpris demeure sans parler,
Et les siens avec luy sont livrez pour victimes
A ce peuple innocent qu'il vouloit s'immoler.

Tu es Esther perfidiam
Aman reprimens graviter,
Famulorum miseriam
Exterminans benigniter,
Regi summo feliciter
Desponsata per Gratiam,
Coronata perenniter
Regis tenes potentiam.

Verè notat inimicum
Aman humani generis,
Dirum serpentem lubricam,
Iure pulsum de Superis,
Condemnatum in inferis,
Accusatorem iniquum,
Quem tu calcas & conteris,
Deum reddens pacificum.

Ce que fait Esther pour ses fréres,
Tu le fais pour tes serviteurs,
Tu fais retomber nos miséres
Sur la teste de leurs Autheurs ;
Quoy qu'attente leur perfidie,
La Grace qui te donne un Dieu pour ton époux
En un moment y remedie,
Et pour rudes que soient leurs coups,
Ta pitié par elle enhardie
Ose tout & peut tout pour nous.

L'implacable ennemy de l'homme
Sous l'orgueilleux Aman dépeint,
C'est l'Ange en qui jamais cet orgueil ne s'éteint,
Le Serpent déguisé qui fit mordre la pomme.
Chassé du Paradis il nous le veut fermer,
Banny dans les Enfers il y veut abîmer
Ceux dont sa place au Ciel doit estre la conqueste,
Mais quoy qu'ose sa haine à toute heure, en tout lieu,
Vierge, ton pied l'écrase, & luy brisant la teste
Tu fais d'un seul regard nostre paix avec Dieu.

Sicut pupillam oculi
Servos servas , servos regis ,
Tu solamen es saeculi ,
Refugium tui gregis ,
Summa sponsa summi Regis,
Caput conteris Zabuli ;
Tu es verus liber Legis ,
Tu Arca Tabernaculi.

Flos vernalis , flos lilij ,
Flos florum , decus Virginum
Diceris , & auxilij
Fons plenus , custos hominum,
Cujus attraxit Dominum ,
Et Angelum Consilij ,
Dulcis odor , ut terminum
Nobis daret exilij.

Tu te plais à garder tes serviteurs fidelles
    Comme la prunelle des yeux,
    Ta main pour avant-goust des Cieux
Leur fait un nouveau siécle & des douceurs nouvel-
Tu leur sers de refuge, & pour les consoler   (les.
    Sur eux tu laisses découler
Mille & mille faveurs du Monarque suprème :
Tu puises comme épouse en ses divins tresors,
Vray livre de la loy que fait sa bonté mesme,
Et sacré tabernacle où reposa son corps.

Vive fleur du Printemps, candeur que rien n'efface,
    Honneur des Vierges, fleur des fleurs,
Fonteine de secours, dont les saintes liqueurs
    Conservent toute nostre race ;
L'odeur de ton mérite icy-bas sans pareil
    Attire l'Ange du Conseil,
Le Souverain des Rois, le Seigneur des Armées,
    Et tu fais que du Firmament
    Les portes si long-temps fermées
S'ouvrent pour terminer nostre bannissement.

Ramum ferens viventibus
Ore columba proprio
Folÿs, fluctuantibus
Generali diluvio,
Quos turbarat undatio,
Noe, natis, coniugibus,
Refovit eos gaudio,
Salutis intuitibus.

16. Figurata fuit per columbam, quæ attulit ramum oliuæ Noe & filijs suis in Arcam. *Gen.* 8.

Vna serpentem pertica
Deserto tulit æneum,
Vt si intus vis toxica
Quemquam læserat Hæbræum,
Sanaretur videns eum,
Ope Dei mirifica,
Propellente vipereum
Virus virtute mystica.

17. Figurata fuit per perticam quæ tulit serpentem æneum in deserto. *Num.* 21.

Noé flotoit encor fur les eaux du Déluge,
Et troublé qu'il étoit d'avoir veu tout périr,
Il doutoit ſi luy-meſme auroit où recourir,
S'il auroit hors de l'Arche enfin quelque refuge.
Il laſche la colombe, & les monts découverts
   Luy preſentent des rameaux verds
Que jusque dans cette Arche en ſon bec elle aporte ;
Ce retour le ravit, & ſes enfans & luy
Reprennent une joye auſſi pleine, auſſi forte,
Que l'étoient jusque là leur trouble & leur ennuy.

Les Hébreux au Deſert par l'ordre de Moïſe,
   Elévent vn ſerpent d'airain,
Sa veuë eſt un reméde & facile & ſoudain
   Qui leur rend la ſanté promiſe.
   Les Vipéres & les Serpens
Qu'en ce vaſte Deſert ce Peuple voit rampans,
   N'ont plus de morſures funeſtes ;
Cet aſpect ſalutaire en fait la guériſon,
Et contre eux leur figure a des vertus céleſtes
   Plus fortes que tout leur poiſon.

Columba tu simplicior,
Omni, tutrix humilium,
Salus hominum tutior,
Mundo tulisti gaudium ;
Enixa dei Filium,
Omni veneno fortior,
Medicina peccantium,
Signo serpentis promptior.

Tu es porta quæ clauditur,   18. Figurata
Apertionis nescia,   fuit per por-
De qua Propheta loquitur,   tam clausam,
Hominum nulli pervia,   per quam vir
Qua Dei Sapientia   non transivit.
Ingreditur, egreditur,   Ezech. 44.
Semota violentia,
Per egressum non frangitur.

   Plus simple que n'est la Colombe
Tu nous rens plus de joye & plus de seureté,
Et protéges si bien la vraye humilité
   Que jamais elle ne succombe :
Vn Dieu qui sort de toy te laisse des vertus
A relever nos cœurs sous le vice abatus,
Quel qu'en soit le poison, ta force le surmonte,
Et cet heureux reméde à nos pechez offert
   Passe le serpent du Desert,
   Et fait la guérison plus prompte.

   Cette porte fermée & qui n'ouvroit jamais
Que vit Ezechiel à l'Orient tournée,
Par ce mesme Orient de ses splendeurs ornée,
   Est encor un de tes portraits;
   Aucun n'entre ny sort par elle
   Que cette Sagesse éternelle
Qui doit de nostre chair un jour se revétir;
Mais soit qu'elle entre ou sorte, on voit mesme clo-
   Et Dieu n'y fait point d'ouverture, (sture,
   Ny pour entrer, ny pour sortir.

Virginitas est janua
Qua Cœlis fulgens altiûs,
Cœli non linquens ardua,
Meſſias Dei filius
Conceptus est, exteriûs
Carne tectus exigua,
Corpus ſumens perfectius
Ex te, Virgo præcipua.

Sìcut Sydus perluitur
Infuſo Solis lumine,
Et eo lux emittitur
Sine ſyderis fragmine,
Sic ſine carnis crimine
Chriſtus in te concipitur,
Ex te manente virgine
Super naturam oritur.

Ta Virginité sainte est la porte sacrée
    Dont ce Dieu fit le digne choix
    Pour faire au Monde son entrée,
Comme pour en sortir il le fit de la Croix.
Il entre dans tes flancs, il en sort sans brisûre,
Avec ce privilege il y descend des Cieux :
Sans que ta pureté souffre de flétrissûre
Il prend un corps en toy pour se montrer aux yeux,
Et n'est pas moins assis au dessus du tonnerre
Bien qu'en ce corps fragile il marche sur la Terre.

Tel qu'au travers d'un Astre on voit que le Soleil
    Trouve une impénétrable voye,
Sa lumiére en descend avec éclat pareil,
Et ne brise ny rompt l'Astre qui nous l'envoye;
Ce canal transparent toûjours en son entier
    Peint l'inviolable sentier
Par où le vray *Soleil* passe sans ouverture :
Telle en ta pureté, Vierge, tu le conçois,
Mais l'Astre suit ainsi l'ordre de la Nature,
Et tu conçois ton Fils en dépit de ses loix.

G

Vidit Ioannes mysticum
Signum quoddam mirabile,
Quod in cælo propheticum
Apparuit notabile :
Nunquam fuerat simile
Prophetis enigmaticum
Signum datum, quod utile,
Præcedens ut mirificum.

19. Figurata
fuit per mu-
lierem quam
vidit Ioannes.
Apocal. 12.

Erat patens Cælestibus
Amicta Solis lumine
Mulier, Lunam pedibus
Supponens, cujus calmine,
Capitis pro tegimine,
Duodecim syderibus
Sertum fulgebat, Numine
Suis plenis visceribus.

Son bien-aimé Disciple à qui ce digne Maiſtre
   Te donna pour mére en mourant,
Luy que le tendre amour de ce Fils expirant
Fit ton fils en ſa place & qui ſe plût à l'eſtre :
Cet Apoſtre Prophète à Pathmos exilé,
   Y voit plus que n'a révélé
D'aucun de ſes pareils l'enigmatique hiſtoire;
Il voit un ſigne au Ciel ſi merveilleux en ſoy,
Il y voit un crayon ſi parfait de ta gloire,
Qu'il doute s'il y voit ou ta figure , ou toy.

Il y voit une femme en beautez ſinguliére,
Le Soleil la reveſt de ſes propres rayons,
La Lune eſt ſous ſes pieds avec meſme lumiére
Qu'en ſon plus grand éclat d'icy nous luy voyons.
   Douze Aſtres forment ſa couronne,
Et ſi tant de ſplendeur au dehors l'environne,
Ce que le dedans cache eſt encor plus exquis :
Elle eſt pleine d'un fils qu'à peine l'on voit naiſtre,
   Qu'auſſi-toſt le Souverain Maiſtre
Luy fait place en ſon Troſne & le reçoit pour Fils.

G ij

> *Nihil te magis propriè*
> *Per istam intelligitur*
> *Mulierem , quæ serie*
> *Prophetæ nobis panditur ;*
> *In te namque concipitur ,*
> *Et oritur justitiæ*
> *Verus Sol , unde oritur*
> *Regnum cælestis curiæ.*

> *Tuis Luna supponitur*
> *Pedibus , & militia*
> *Cœli quæ per te regitur ,*
> *Caput duodenaria*
> *Patriarcharum gloria ,*
> *Quæ per te benedicitur ,*
> *Et bissena victoria*
> *Apostolorum tegitur.*

Est-elle autre que toy , cette femme admirable,
Et son lumineux appareil
D'Astres , de Lune , & de Soleil,
N'est-il pas de ta couche un aprest adorable ?
Est-ce une autre que toy que de tous ses tresors
Et remplit au dedans & revest au dehors
Le brillant Soleil de Iustice,
Et fait-il commencer par une autre en ces lieux
Ce Royaume de Dieu si doux & si propice
Qui réünit la Terre aux Cieux ?

La milice du Ciel qui sous tes loix se range
Comme la Lune sous tes pieds,
Y fait incessamment résonner ta loüange,
Et sert d'illustre base au Trosne où tu te sieds ;
De tes plus saints Ayeux la troupe glorieuse
Fait la couronne précieuse
Des Astres qui ceignent ton front,
Le nombre en est égal à celuy des Apostres,
Et nous donne l'exempl e & des uns & des autres
Pour estre un jour par toy près de Dieu ce qu'ils sõt.

Repleris plenitudine
Generis omnis Gratiæ,
Totaque multitudine
Virtutum, & potentiæ:
Tu decus excellentiæ,
Tu lux carens fuligine
Culpæ, tu splendor gloriæ,
Mundum decorans lumine.

In te totum perficitur
Quicquid verbis propheticis
De te, virgo, prædicitur,
Et Legis ænigmaticis;
Sive quicquid Angelicis
Tibi verbis exprimitur,
Finitis verbis typicis,
Res manifesta cernitur.

Cette plénitude étonnante
Des Graces que sa main sur toy seule épandit,
Ioint à tant de vertus , joint à tant de crédit
La gloire de la voir toûjours surabondante.
Vierge par excellence , & Mére du Tres-haut,
Toûjours sans tache & sans defaut,
Lumiére que jamais n'offusque aucun nüage,
De tant de plénitude épans quelque ruisseau,
Et de tant de splendeurs dont brille ton visage
Laisse jusque sur nous tomber un jour nouveau.

En toy toutes les Prophéties
Qui de toy jamais ont parlé ,
Par le plein effet éclaircies
Font voir ce que leur ombre a si long-temps voilé;
Les Enigmes de l'Ecriture
Dont s'envelope ta figure
Ont perdu leur obscurité,
Et ce que t'annoncent les Anges,
Ce qu'ils te donnent de loüanges
Est remply par la verité.

Salve solamen hominum,
Salve munda stella maris,
Salve purgatrix criminum,
Salve virgo singularis ;
Consortio carens maris
Concipis , paris Dominum,
Tu lapis es angularis,
Quæ das figuris terminum.

Tu supra cæli solium
Ad dextram Dei resides ,
Iuxta proprium filium
Cæli Regina præsides ,
Confirmans mentes desides
Præstans eis auxilium ,
Et tuis servis provides
Impetrando subsidium.

Refuge tout-puiſſant de la foibleſſe humaine,
Incomparable Vierge, Etoile de la Mer,
Calme-nous-en les flots preſts à nous abîmer,
De nos vieux ennemis dompte pour nous la haine :
Purge en nous tout l'impur, tout le terrestre amour,
Toy qui conçois ton Dieu, toy qui le mets au jour,
  Sans en eſtre un moment moins pure;
Toy, la pierre angulaire en qui l'on voit s'unir
  Les véritez à la figure,
Ou plûtoſt la figure en véritez finir.

Les figures ont peint l'excès de ta puiſſance,
  Fay-nous-en reſſentir l'effet,
  Parle, prie, & Dieu ſatisfait
Laiſſera deſarmer ſa plus juste vangeance.
Tu te ſieds à ſa dextre à coſté de ton Fils,
La tienne de ce troſne où luy-meſme eſt aſſis
Peut aux plus laſches cœurs rédre une ſainte audace,
De là de tous les tiens tu ſecours les beſoins,
Et comme ta priére obtient pour eux ſa Grace,
L'œuvre de leur ſalut eſt l'œuvre de tes ſoins.

Vbi namque sanctißima
Caro, quam Dei filius
Sumpsit ex te mundißima,
Inthronisatur celsiûs,
Creatis gloriosiûs;
Ratio vult certißima
Esse te non inferiûs,
Vel sede magis infima.

Vbi mater cum filio
Gaudes in Cæli patria
Trinitatis consortio,
Creata super omnia,
Tua benigna gratia
Felicitatis gaudio
Nos coronet & gloria,
Beatorumque præmio.
                    Amen.

Cette adorable chair qu'il forma de la tienne,
Ce sang qu'il tira de ton sang,
Quelque haut rang au Ciel que l'un & l'autre tienne,
T'ont crû devoir le mesme rang :
Comme sans cesse il considére
Qu'il prit & l'un & l'autre en ton pudique flanc,
Sans cesse il te chérit, sans cesse il te révére ;
Et comme il est ton fils aussi-bien que ton Dieu,
L'amour & le respect qu'il garde au nom de mére
Ne t'auroient pû jamais souffrir en plus bas lieu.

Ce fils t'éléve ainsi sur toute Créature,
Te fait ainsi joüir de la société
De cette immense Trinité
Qui donne à tes vertus un pouvoir sans mesure.
Fay-nous-en quelque part pour monter jusqu'à toy,
Donne-nous cet amour, cet espoir, cette foy,
Qui doivent y servir d'échelle;
Et d'un séjour si dangereux
Tire-nous à celuy de la gloire éternelle
Qui fait le prix des bienheureux.

FIN.